DE LA
SOPHISTICATION DES BOISSONS

CONSIDÉRÉE

A SES DIFFÉRENTS POINTS DE VUE

ET PARTICULIÈREMENT

AU POINT DE VUE PÉNAL

PAR

RAYMOND LE BOURDELLÈS

Docteur en droit,

Procureur de la République près le Tribunal de 1re instance d'Auxerre

PARIS

IMPRIMERIE ET LIBRAIRIE GÉNÉRALE DE JURISPRUDENCE

MARCHAL ET BILLARD, IMPRIMEURS-ÉDITEURS

LIBRAIRES DE LA COUR DE CASSATION

Place Dauphine, 27

1885

DE LA

SOPHISTICATION DES BOISSONS

CONSIDÉRÉE

A SES DIFFÉRENTS POINTS DE VUE

DE LA
SOPHISTICATION DES BOISSONS

CONSIDÉRÉE

A SES DIFFÉRENTS POINTS DE VUE

ET PARTICULIÈREMENT

AU POINT DE VUE PÉNAL

PAR

RAYMOND LE BOURDELLÈS

Docteur en droit,

Procureur de la République près le Tribunal de 1re instance d'Auxerre]

PARIS

IMPRIMERIE ET LIBRAIRIE GÉNÉRALE DE JURISPRUDENCE

MARCHAL ET BILLARD, Imprimeurs-Éditeurs

LIBRAIRES DE LA COUR DE CASSATION

Place Dauphine, 27

1885

©

PRÉFACE

L'idée de cet ouvrage a été inspirée à l'auteur par différentes affaires judiciaires auxquelles il s'est trouvé mêlé à raison de ses fonctions. Il est peu de sujets aussi pratiques que celui qu'il a entrepris de traiter : la sophistication des boissons. C'est une matière qui intéresse le magistrat chargé d'appliquer la loi; le viticulteur, le négociant en vins, le professeur d'agriculture. L'auteur a cherché à composer son travail avec tout le soin possible, il a mis à contribution les documents de jurisprudence comme les statistiques et les travaux des savants.

DE LA

SOPHISTICATION DES BOISSONS

CONSIDÉRÉE

A SES DIFFÉRENTS POINTS DE VUE

CHAPITRE Ier.

Généralités.

Production du vin en France. — Le laboratoire municipal de Paris. — Loi du 27 mars 1851. — Loi du 5 mai 1855. — Décret du 15 décembre 1813 spécial à la ville de Paris. — Teneur en alcool des vins et extrait sec. — Mesures à prendre pour prévenir les falsifications.

Depuis les désastres qui se sont abattus sur nos vignobles, et notamment depuis l'envahissement du phylloxera, ce redoutable fléau, la sophistication des vins qui constituait autrefois dans certaines contrées de la France une pratique très rare, est devenue beaucoup plus commune.

Sur 2,500,000 hectares de vignes que possédait la France avant le phylloxera, 500,000 hectares sont attaqués ou mortellement atteints. La France produisait encore, il y a quelques années, plus de 50 millions d'hectolitres de vin ; en 1881, le rendement s'est abaissé à 34 millions, et dans ce chiffre figurent les vins de raisins secs et les vins de sucres pour 5 millions d'hectolitres. La récolte de 1882 a été inférieure de

3,252,363 hectolitres à celle de 1881. La récolte de 1884 a été de 34,780,000 hectolitres (1).

Les besoins de la consommation étant très grands et les récoltes très médiocres, les fraudes ont été en augmentant.

Sur 3,361 échantillons de vin analysés par le laboratoire municipal de la ville de Paris en 1881, le laboratoire en a désigné bons 387; passables, 1093; mauvais non nuisibles, 1079; nuisibles, 202 ; soit, 10,63 % de bons; 32,50 % de passables; 50,84 % mauvais non nuisibles ; 6,01 % nuisibles.

Observons, toutefois, que les chiffres du laboratoire municipal de la ville de Paris ne doivent pas effrayer outre mesure, parce que l'analyse a porté naturellement sur des échantillons qu'on soupçonnait être mauvais.

Les négociants français en vins, en immense majorité, sont d'honnêtes gens; malheureusement, il existe certains commerçants peu scrupuleux, qui livrent à la consommation publique des vins sophistiqués.

Sous l'ancien régime, le commerce des vins, notamment à Paris, avait donné lieu à un grand nombre de décisions législatives. L'ordonnance de police de Paris du 30 mars 1635, contenait les dispositions suivantes : « Est enjoint aux hostelliers, cabaretiers,

---

(1) Voici du reste les chiffres exacts depuis 1875 :

Année 1875.	83,632,391	hectolitres.
— 1876.	41,846,748	—
— 1877.	56,405,363	—
— 1878.	48,720,535	—
— 1879.	25,869,552	—
— 1880.	29,677,472	—
— 1881.	34,138,715	—
— 1882.	30,886,352	—
— 1883.	36,029,182	—

« marchands débitants en caves, de garnir leurs
« caves de toutes sortes de vins, et en débiter au
« public à divers prix, bon vin droit, loyal et mar-
« chand, sans estre mélangé, n'excédant le prix qui
« sera par nous mis à autre, dont les cabaretiers
« seront tenus mettre une pancarte où ledit prix sera
« écrit; à peine de 400 livres parisis d'amende. »

Dans notre droit actuel, la loi du 27 mars 1851 pré-
voit et punit la fraude commerciale, en graduant la
peine, suivant le cas où la fraude a été opérée ou non
avec des mixtions nuisibles à la santé. La loi du
27 mars 1851 a été déclarée applicable aux fraudes
en matière de boissons par une loi du 5 mai 1855.
La loi de 1855 a abrogé l'article 318 et le n° 6 de
l'article 475 du Code pénal.

Il existe un décret du 15 décembre 1813 sur le
commerce des vins à Paris, qui défend dans son article 11, aux commerçants en vin habitant cette ville,
de posséder dans leurs caves ou leurs domiciles des
eaux colorées et préparées, et aucunes matières quel-
conques propres à fabriquer, falsifier ou mixtionner
les vins. Bien que l'article 11 du décret de 1813 se
réfère aux articles 318 et 475, § 6 du Code pénal,
qui sont abrogés, M. Blanche le considère comme
étant encore en vigueur (*Étude sur le Code pénal*, t. 6;
n° 427). La loi de 1855, dit Blanche, n'abroge pas
formellement le décret de 1813, et elle n'a rien d'in-
conciliable avec ses dispositions.

La teneur en alcool du vin est très variable; elle va
de 7 % en volume à 20 % (Marsala), 27 % (Sicile
blanc). Les vins blancs d'Espagne ont pour moyenne
10,22; les vins blancs allemands, 9,75; les vins
suisses, 9,50. Les vins bordelais ont une teneur de
10,11, 12 %; ceux du Midi 13, 14, 15; les vins du

Rhin, 10, 11. Les extraits secs du vin varient beaucoup suivant le cru ; il est donc difficile au chimiste de se prononcer sur la valeur d'un vin, à ne considérer que sa teneur en alcool et son extrait sec. Ce qu'il faut noter, c'est qu'un vin n'est pas nécessairement falsifié, parce qu'il n'atteint pas la moyenne de 10 % d'alcool et 20 grammes d'extrait sec.

La qualité d'un vin et son action nutritive sont principalement en rapport avec la quantité d'extrait sec qu'il renferme. Plus un vin est riche en extrait sec, plus son action est bienfaisante. Aussi les administrations de l'État refusent-elles, comme impropres à l'alimentation, tous les vins qui ne renferment pas une dose suffisante d'extrait sec.

Quelles seraient les mesures à prendre pour éviter les falsifications? On a proposé divers remèdes. Ne pourrait-on pas exiger *sur la facture* mention obligatoire de la qualité du produit vendu? La qualification de vin de vendange serait réservée exclusivement aux boissons résultant de la fermentation du jus de raisins frais. Les vins coupés ou additionnés d'alcool, les vins de raisins secs, et, en général, toute boisson vineuse autre que le vin de vendange devraient être vendus comme tels. Le vendeur qui aurait refusé la déclaration prescrite sur la facture serait passible des peines de police. Une mesure qui paraîtrait devoir être efficace, pour la répression des falsifications, serait la marque obligatoire pour tout produit vendu ; on obligerait le fabricant à dire de quoi est fabriqué tel produit. Divers décrets, par exemple, ont assujetti les fabricants de savon à la marque obligatoire (Voy. cette question, appendice III, Pétition aux Chambres, des vignerons de l'Yonne).

CHAPITRE II.

Opérations licites pratiquées sur les vins.

Opérations licites pratiquées sur les vins. — Coupage et imitation des vins étrangers. — Jurisprudence sur les coupages et imitations. — Boissons de marc de raisins, dites piquettes, vins sucrés, boissons de raisins secs. — Circulaires ministérielles sur la matière. — Soufrage. — Vinage.

La pratique des coupages ne peut être considérée comme illicite. Le législateur n'a jamais entendu prohiber les opérations qui consistent : « *soit à cou-* « *per les vins de diverses provenances et de diverses qualités,* « *pour donner satisfaction au goût public et au besoin du* « *bon marché, soit à imiter par diverses combinaisons les* « *vins étrangers* » (1). Ceux qui détiennent et mettent en vente des vins travaillés de la sorte ne sont donc exposés à aucune poursuite. On lisait ostensiblement, en 1879, sur la devanture d'un magasin de Cette, ces mots : Fabrique de vins d'Espagne. Le propriétaire du magasin savait évidemment qu'il était indemne vis-à-vis de la loi pénale.

« Si la marchandise, disait M. Riché, rapporteur « de la loi de 1851, est saisie avant d'avoir été ven- « due, on ne sera pas admis à prétendre qu'on aurait « averti l'acheteur, à moins qu'une indication très « apparente et inséparable de la marchandise n'en « révèle la composition véritable, *ou qu'on ne fasse* « *notoirement un commerce exclusif de matières mélan-* « *gées.* » Ce qu'on peut demander à celui qui fait ostensiblement un commerce de matières mélangées,

---

(1) Exposé des motits de la loi du 5 mai 1855. — Circulaire du Garde des Sceaux du 14 octobre 1876.

c'est que ces compositions ne soient pas nuisibles, car, si elles l'étaient, il tomberait sous l'application du § 2 de l'article 2 de la loi de 1851.

Cependant, aux termes de la circulaire du 14 octobre 1876, l'indemnité disparaîtrait s'il était établi que l'acheteur a complètement ignoré la manipulation subie par les vins ; l'action publique pourrait être mise en mouvement contre le vendeur coupable de tromperie. Il y a là pour le ministère public saisi d'une plainte une délicate question d'appréciation, dépendant principalement du prix du vin.

Actuellement, le prix moyen de l'hectolitre nu du vin du Midi ordinaire, tel que le Narbone, est de 45 francs. Supposons qu'un négociant en vins, connaissant par suite de sa profession le cours des liquides, achète du vin à 25 francs l'hectolitre nu : il doit bien se douter que le vin à lui livré a été l'objet d'un coupage ou d'une préparation quelconque.

JURISPRUDENCE. Les mélanges et coupages de boissons ne constituent une falsification punissable que s'ils sont accompagnés de fraude. Si donc, ils sont déclarés à l'acheteur avant la vente, il n'y a point délit, pourvu d'ailleurs que le vendeur n'ait pas agi avec l'intention de se rendre complice des fraudes ultérieures qui pourraient être commises par son acheteur au préjudice des tiers (C. de Poitiers, 4 février 1885, Ménager-Jousseaume, Dalloz, 58.2.169.).

Les coupages ou mélanges, même autorisés par les usages du commerce, sont punissables, s'ils ont été faits avec déloyauté et intention de tromper le consommateur (Cass., 24 juillet 1863, *Bull. crim.*, n° 206, —Cass., 14 mai 1858, Laguerenne, Dalloz, 58.1.232).

Il y a falsification, dans la vente d'un vin composé moitié de vin rouge et moitié de vin blanc, contrairement à la convention arrêtée entre les parties, qu'il serait fourni à l'acheteur du vin rouge sans mélange de vin blanc (Cass., 27 février 1857, Bonnet, Dalloz, 57.1.410).

Il n'y a pas falsification de la part de celui qui vend comme vins de Bordeaux des vins mélangés provenant de différents crus de la Gironde (Poitiers, 16 juillet 1858, Laguerenne, Dalloz, 58.2.175).

Il y a délit de tromperie, au contraire, dans le fait de celui qui vend, en leur attribuant une certaine provenance et une valeur en rapport avec cette provenance, des vins d'une tout autre origine et d'une valeur très inférieure (Même arrêt).

Jugé qu'il y a tromperie sur la nature de la marchandise vendue, si on a vendu à l'acheteur comme vin du cru de Château-Landon un vin d'une autre origine (C. de Paris, 18 mai 1854).

Depuis quelques années, on emploie beaucoup le sucre dans la fabrication du vin. L'opération du sucrage, appliquée à du vin proprement dit, contribue dans certains cas à améliorer le produit, mais, le plus souvent, on sucre la vendange sans connaître la composition : aussi voit-on beaucoup de ces vins sucrés devenir ultérieurement malades. Ils doivent cette altérabilité au sucre, qui a échappé à une fermentation mal conduite et qui est resté en dissolution dans le liquide.

Un moyen pour les vignerons d'augmenter la quantité de boisson, consiste à préparer une seconde cuvée, dont le sucre et l'eau forment les éléments, avec le marc laissé par l'enlèvement du cru, appelé vulgairement pied de cuve. On fabrique encore du vin avec des raisins secs, principalement importés d'Espagne ou de Sicile. Ces différents produits sont connus sous le nom de boissons de marc de raisin ou piquettes. Le rendement de 1882 a été de 1,700,000 hectolitres pour les vins obtenus par addition d'eau sucrée et de 2,500,000 hectolitres pour les vins de raisins secs. La fabrication des vins de raisins secs en 1884 s'est élevée à 2,885,000 hectolitres.

Cette matière a été l'objet d'une circulaire du garde des sceaux du 1er septembre 1879. Tant que ces boissons circulent sous leur véritable nom, le commerce en est licite : il devient frauduleux lorsque les boissons dont il s'agit sont expédiées *sous le nom de vin,* même lorsqu'elles ont reçu, et c'est le cas le plus fréquent, une addition de vin naturel ou d'alcool. Ce genre de fraude rentre dans les prescriptions de la circulaire ministérielle du 14 octobre 1876. Ou les piquettes et vins de raisins secs seront, sans mélange de vin ni d'alcool, vendus comme vin, et le fait constituera le délit de tromperie sur la nature de la marchandise, prévu et puni par l'article 423 du Code pénal : « Attendu que le caractère essentiel du délit prévu par l'article 423 du Code pénal, c'est que la tromperie porte sur la nature de la marchandise, sur son essence, et non sur sa qualité, soit que la fraude provienne de ce que la chose vendue a été donnée pour ce qu'elle n'a jamais été »..... (Cass., 27 août 1858, *Bull. crim.*, n° 244); — ou ces boissons seront additionnées de vin ou d'alcool et vendues comme vin ; les poursuites devront être alors intentées pour falsification, ou mise en vente, ou détention de boissons falsifiées (Loi 27 mars 1851, art. 1er, § 1er et 2, et art. 3).

Il y aurait falsification si un fabricant de vins de raisins secs, faisant ce commerce, substituait au sucre proprement dit, qu'il doit employer normalement, la glucose du commerce : ainsi décidé dans l'affaire Agobey, trib. de la Seine, 8ᵉ chambre correct., février 1885.

L'opération connue sous le nom de soufrage ou mutage des moûts et des vins et qui a pour but de les soustraire à la fermentation à l'aide de l'acide sulfureux, est une opération fort ancienne et usitée dans le Midi ; elle pourrait assurément constituer une falsification, mais *pratiquée convenablement*; le tribunal d'Angoulême a jugé, en 1864, qu'elle ne constituait pas un fait illicite, alors surtout que l'acquéreur en avait connaissance (*Annales d'hyg.*, 1865). Toutefois, le mutage qui serait opéré avec l'acide salycilique constituerait une dangereuse falsification.

Le vinage des vins ou leur alcoolisation a attiré l'attention de l'Académie de médecine, qui, après une longue délibération, a décidé, le 2 août 1870 : 1° que lorsque l'alcoolisation est pratiquée méthodiquement avec des eaux-de-vie et des trois-six de vin et dans des limites telles que le titre alcoolique des vins de grande consommation ne dépasse pas 10 %, elle constitue une opération qui n'expose à aucun danger la santé des consommateurs; 2° que le vinage peut être pratiqué avec tout alcool de bonne qualité, quelle qu'en soit l'origine, mais qu'il faut préférer les eaux-de-vie et les trois-six, parce que les vins ainsi alcoolisés se rapprochent davantage des vins naturels; 3° que la suralcoolisation des vins communs qui, pour la vente au détail, sont soumis à des coupages au titre de 9 à 10 % peut donner lieu à de fâcheux abus, mais qu'aucune preuve scientifique n'autorise à dire que les boissons ainsi préparées, bien que différant sensiblement des vins naturels, soient compromettantes pour la santé publique.

La question du vinage a fait l'objet de longs débats législatifs, mais à un point de vue surtout budgétaire. Les députés du sud-ouest demandaient que les droits très élevés sur l'alcool fussent réduits, afin d'alcooliser les petits vins dans les mauvaises années et de garantir ainsi leur conservation. Les projets favorables au vinage, combattus vigoureusement par les députés de la Bourgogne, ont été écartés, par suite de considérations de santé publique.

(Voir appendice 2 à la fin du volume).

CHAPITRE III.

Opérations considérées généralement comme licites, mais d'un caractère douteux.

Plâtrage, son but. — Circulaires ministérielles sur cette matière. — Jurisprudence criminelle sur les vins plâtrés, jurisprudence civile.

Nous employons, pour qualifier le plâtrage, l'expression d'opération «douteuse. » Le mot n'est pas très juridique, mais il rend bien notre pensée. Nous voulons dire par là que le plâtrage n'est pas par lui-même illicite, mais à la condition que l'opération soit renfermée dans des limites modérées. C'est ainsi que l'opération a été appréciée dans de récentes circulaires ministérielles.

Le plâtrage des vins a pour résultat, au point de vue chimique, de transformer la crème de tartre existant dans les vins en sulfate de potasse. Beaucoup de vins sont plâtrés. L'Administration de la guerre a fixé à 4 grammes par litre le maximum de sulfate de potasse que doivent contenir les vins destinés à l'armée (Briand et Chaudé, *Médecine légale*, 9e édition, p. 778).

Le plâtrage a pour but de donner plus de couleur et de montant aux vins. Une circulaire du garde des sceaux du 27 juillet 1858 édicte une immunité en faveur des vins plâtrés, ces vins ne pouvant être considérés comme contenant une mixtion nuisible à la santé. Plus tard, une circulaire ministérielle du 27 juillet 1880 a décidé, après avis du Comité consultatif d'hygiène publique de France, que la présence du sulfate de potasse dans les vins de commerce « qu'elle résulte du moût, du mélange du plâtre ou de l'acide sulfurique au vin, ou qu'elle résulte du coupage des vins non plâtrés avec des vins plâtrés, ne doit être tolérée que dans la limite maxima de 2 grammes par litre ». Au-dessus de cette quantité le vin devient indigeste, et il peut, à la longue, amener des affections des reins et de la vessie.

Il faut se défier du sulfate de baryte, dont on se sert parfois en remplacement du plâtre.

La question du plâtrage a été diversement appréciée par la jurisprudence. Voici d'abord les principales solutions correctionnelles.

Il y a délit, selon la loi de 1851 et la loi de 1855, dans la vente ou mise en vente de vins dont le plâtrage trompait ou devait tromper la bonne foi des acheteurs « quand il est avéré que le plâtrage pratiqué sur des vins de mauvaise qualité mis en vente n'avait pour but que de leur donner les apparences de la couleur et du montant des vins de la qualité loyale, et de tromper la bonne foi des acheteurs, auxquels l'existence de ce plâtrage n'avait point été révélée. » (Cass., 13 déc. 1861, Décheneux, *Journ. minist. public*, 1862, p. 148).

3

Dans un sens contraire, favorable au plâtrage, voir Montpellier, 11 août 1856 (D.p,56.239); Grenoble, 25 juin 1857 et 1er juin 1859 (D.p.59.5.393 et 397).

Au point de vue civil, le plâtrage du vin pourrait-il devenir une cause de résiliation du contrat? L'affirmative a été jugée par la Cour de Paris, dans une affaire rendue au profit de l'hospice de Brie-Comte-Robert : « Considérant que le cahier des charges indiquait la nature du vin naturel à livrer; que les termes du cahier des charges, le caractère particulier de la fourniture destinée à la consommation d'infirmes ou de vieillards impliquaient nécessairement l'obligation de livrer du vin naturel, pur de toute substance étrangère capable d'en altérer ou d'en modifier en quoi que soit les propriétés ou les qualités constitutives ; que, du rapport des experts, il résulte que le vin livré avait subi la manipulation connue sous le nom de plâtrage ; qu'il contenait, en outre, dans une certaine proportion une matière colorante, étrangère à la composition naturelle du vin ; que vainement allègue-t-on que l'usage de plâtrer le vin serait devenu presque général dans quelques départements du midi de la France, et notamment de l'Hérault ; que cet usage, fût-il universel et même toléré par l'administration supérieure, il ne s'ensuivrait pas que l'addition du plâtre dans le vin ne constituait pas un élément étranger à ses propriétés naturelles (Paris, 18 mai 1870).

Dans un sens contraire, voir arrêt de la Cour de Montpellier, très longuement motivé, qui dispose que le plâtrage des vins, même porté au maximum, ne saurait être une cause de résiliation du marché, ni même une cause de diminution du prix (Cour de Montpellier, 14 mai 1875, et Cassation rejetant le pourvoi contre l'arrêt précédent, 5 janvier 1876, Bouffon et Béraud, D.P.1876.1.111). La Cour de Montpellier a peut-être été loin dans un sens favorable au plâtreur!

Pour résumer, nous dirons : suivant nous, la question de plâtrage est toute d'espèce : chaque fois que le juge a la conviction que le plâtrage est *excessif*, qu'il y a eu *mauvaise foi* de la part du plâtreur, il ne doit pas hésiter à déclarer ses actes condamnables et à lui infliger les conséquences soit correctionnelles, soit civiles de son fait.

CHAPITRE IV.

Opérations illicites.

Coloration artificielle des boissons, est-elle punissable ? — Mouillage — Fuschine, documents de jurisprudence sur la fuschine. — Autres matières tinctoriales. — Liqueur dite teinte conservatrice des vins, privilège spécial accordé à cette liqueur.

L'addition d'eau et la coloration frauduleuse sont, on peut le dire, les seules fraudes importantes auxquelles on soumet les vins rouges ou blancs. En faisant passer aux octrois des vins colorés et vinés au maximum, — il faut lire alcoolisés, — puis, les droits acquittés, en les dédoublant d'eau, le négociant bénéficie de la différence des prix de transport, évite une partie des lourds impôts dont les vins sont frappés à l'entrée des grandes villes et profite de l'augmentation de volume résultant du mouillage.

Si le vin est seulement mouillé à 8 %, la consommation annuelle à Paris étant d'environ 5 millions d'hectolitres, l'eau ajoutée est de 415,000 hectolitres.

Le prix d'entrée de l'hectolitre est de 18 fr. 87 c. ; la perte est donc de 7,831,050 fr., soit 3,423,750 fr. pour l'État et 4,407,300 fr. pour la Ville.

La coloration artificielle des vins tombe sous le coup de la loi pénale : « Le procédé qui consiste à relever la couleur des vins, ou à la modifier, au moyen de substances colorantes autres que celles fournies par la grappe, constitue, *par lui-même*, une falsification qui doit être réprimée, indépendamment de toute tromperie de la part du vendeur. » (Circul., 14 octobre 1876).

La coloration est punissable, qu'elle soit opérée avec des matières tinctoriales, nuisibles ou inoffensives (même circulaire). Il importe, toutefois, que les magistrats soient fixés sur le caractère nuisible ou non des matières tinctoriales employées, car si ces matières sont nuisibles, la répression est plus sévère (art. 2 et 3, § 2 de la loi de 1851). « Dans de nombreux journaux, articles ou brochures, la coloration artificielle des vins est préconisée comme un procédé parfaitement licite. Elle fait l'objet de prospectus et d'annonces très répandus. Ceux qui auront, dans un cas déterminé, provoqué à une falsification de ce genre, ou fourni les instructions d'après lesquelles elle aura été opérée, devront être poursuivis comme complices, par application des articles 59 et 60 du Code pénal, et 1er de la loi du 17 mai 1819 ; l'article 3 de cette loi permet d'atteindre aussi les provocations non suivies d'effet. » (Même circulaire). La loi du 17 mai 1819 se trouve aujourd'hui abrogée et remplacée par la loi du 29 juillet 1881 sur la liberté de la presse.

A. — MOUILLAGE. — Toute altération de boissons par l'addition d'un liquide étranger, et, par exemple, d'une certaine quantité d'eau, constitue, quels que soient son importance et ses résultats, une falsification punissable (Cassation, 12 juillet 1855, Charère, Buissine, Dalloz, 55.1.363) — C'est en vain qu'on objecterait que l'eau ne possède aucune action malfaisante. Si l'addition d'eau ne change pas toujours les propriétés d'une boisson, elles les affaiblit; elle constitue, au reste, une tromperie sur la quantité de la marchandise, à l'aide d'un procédé tendant à en augmenter frauduleusement le volume. — La Cour de cassation vient, récemment encore, de se prononcer sur la question du mouillage. — En fait, à notre avis, cette falsification est loin d'être aussi grave que les autres sophistications.

Le vin mêlé d'eau dans une trop grande proportion constitue le délit de falsification de vin et de tromperie sur la marchandise vendue, prévu par la loi du 5 mai 1855 et l'art. 434 du Code pénal.

Le marchand de vin ne pourrait être affranchi de toute responsabilité pénale, que s'il était constaté, en fait, qu'il a informé l'acheteur du mélange et de la proportion de l'eau ajoutée.

Il paraît opportun de rappeler les faits qui ont amené cette décision, d'ailleurs conforme à plusieurs décisions antérieures. Il était constaté, en fait, par l'arrêt attaqué, que le marchand de vin inculpé avait fait de six barriques de vin sept barriques, en mélangeant une barrique d'eau avec les six barriques de vin; qu'en outre, ce marchand avait vendu ou mis en vente ces sept barriques comme contenant du vin

Rejet du pourvoi formé par le sieur C..∴ contre l'arrêt de la Cour de Paris, chambre correctionnelle, du 6 novembre 1884, qui l'a condamné à trois mois d'emprisonnement pour falsification de vin.

Le laboratoire municipal de Paris admet comme base de vin de composition moyenne tout vin de coupage dont la teneur en alcool est de 10 % et l'extrait sec de 20 grammes par litre. Les négociants en vins de Paris, dans une grande réunion tenue en mars 1883, ont vivement protesté contre cette règle ; ils soutiennent que certains vins ne sont pas nécessairement mouillés parce qu'ils n'atteignent pas la moyenne de 10 % d'alcool et des 20 grammes d'extrait sec.

B. — FUSCHINE. — Le comité consultatif d'hygiène publique de France a présenté au sujet de la fuschine un rapport très complet dans lequel, après avoir étudié la question sous toutes ses faces, il conclut que l'emploi de la fuschine et l'emploi de ce produit pour la coloration des vins, alors même qu'il est débarrassé d'arsenic, doivent entraîner l'application des articles 2 et 3, § 2 de la loi de 1851 (Circul. 4 septembre 1877.)

Voici un des principaux passages du rapport du comité d'hygiène : « Quant à la fuschine qui, aujourd'hui, en raison de sa puissance tinctoriale et de la modicité de son prix, tend à remplacer toutes les autres teintures destinées à la coloration des vins, non seulement elle est manifestement toxique lorsqu'elle renferme de l'arsenic, et la plupart des caramels de teinture livrés au commerce en renferment une notable proportion, mais en outre, lorsqu'elle est complètement débarrassée de ce poison, elle est nuisible, en ce sens, d'une part, qu'elle altère la qualité du vin d'une manière plus sérieuse que les autres couleurs artificielles et, d'autre part, qu'aux doses où elle est généralement introduite dans le vin, elle paraît capable, sinon de produire immédiatement des accidents d'empoisonnement, du moins d'amener au bout d'un laps de temps encore indéterminé, des troubles fonctionnels et même des altérations organiques de nature à compromettre la santé du consommateur. » (Des vins fuschinés. Rapport du comité d'hygiène publique de France, Paris, Baillière, 1877, p. 207).

Chimiquement parlant, la fuschine est du chlorhydrate de rosaniline.

C. — En dehors de la fuschine, les autres matières employées ordinairement pour colorer les vins sont le sureau, les baies d'hièble, la rose trémière ou mauve noire, les baies de troëne, les baies de Portugal (Phytolacca), les baies de l'airelle myrtille, la betterave rouge, la décoction de bois de Campêche et de Fernambouc.

D. — Il existe une liqueur, fabriquée à Fismes (Marne), connue sous le nom de « teinte conservatrice des vins », qui jouit d'un privilège tout particulier ; sa fabrication est autorisée par une ordonnance royale du 6 mai 1781 et une décision du département de police du 19 frimaire an ii ; cette autorisation a toujours été maintenue jusqu'à nos jours, mais elle pourrait être révoquée. (Voy. sur ces différents points, Rapport du comité d'hygiène).

La jurisprudence a eu plusieurs fois à statuer sur la question des vins fuschinés.

Voici ses principales décisions, d'abord en ce qui concerne l'auteur principal, c'est-à-dire le vendeur des vins fuschinés.

Les tribunaux saisis des premières poursuites dirigées contre l'emploi de la fuschine pour la coloration des vins, se trouvaient en présence d'opinions contradictoires, émises par les hommes de science sur les propriétés de ce produit. Ils firent bénéficier les prévenus du doute que soulevaient ces contradictions, écartèrent la circonstance aggravante de la nocuité des caramels à base de fuschine et ne retinrent que le délit de falsification inoffensive (Bouniceau-Gesmon, *Revue pratique*, t. 43, p. 496 et suiv.). Depuis, plusieurs cours d'appel ont décidé que la présence de la fuschine dans les vins pouvait rendre la falsification susceptible d'aggravation de peines, et qu'il y avait lieu à l'application de l'art. 2 de la loi du 27 mars 1851 dans les cas où il était établi que l'usage des vins fuschinés avait produit des accidents. (Nancy, 10 janvier 1877, D.P.77.2.209 — Nîmes, 4 mai 1877, D.P.77.2.210 — Cass. 30 nov. 1877, D.P.78.1.94.)

Un arrêt de la Cour de Dijon du 13 mars 1878 (D.P.78.2.227) va plus loin encore : il admet, en se fondant sur l'opinion des hommes de l'art et sur des considérations scientifiques, que la fuschine est un produit nuisible, dont le seul emploi suffit pour motiver l'aggravation de peine édictée par l'art. 2 de la loi de 1851, alors même qu'aucun accident n'a été constaté. Nous approuvons la doctrine de cet arrêt.

Examinons la jurisprudence en ce qui concerne le complice, c'est-à-dire le vendeur de fuschine.

L'individu qui a vendu, avec connaissance de la destination de ce produit et de sa composition malfaisante, le caramel de vin contenant de la fuschine arsenicale qui a servi à la falsification, est, à bon droit, condamné comme complice du délit relevé à la charge du marchand. (Cass. 30 nov. 1877, D.P. 78.1.94.)

L'individu qui a vendu un caramel à base de fuschine arsenicale ayant servi à la falsification, avec connaissance de la destination de ce produit, est complice du délit de falsification et ne peut exciper de sa bonne foi ; mais il ne peut être condamné comme complice du délit de vente de boissons falsifiées, alors que cette vente est le fait personnel du falsificateur. (Dijon, 13 mars 1878, D.P.78.2.227.)

Ainsi, la Cour de Dijon exige, pour que le fabricant de caramel soit reconnu complice du délit de vente de vins falsifiés, qu'il ait pris part à la vente. Cette solution nous paraît contraire aux principes. Le fabricant de caramel fournit un produit qui sert à l'action délictueuse, en sachant qu'il doit y servir, et se trouve, par conséquent, dans la situation prévue par l'art. 60. § 1er C. pén. La Cour de cassation, dans l'arrêt précité, du 30 nov. 1877, ne paraît faire aucune distinction entre le délit de falsification et celui de vente de boissons falsifiées, au point de vue de la complicité.

CHAPITRE V.

Des fraudes sur les eaux-de-vie et vinaigres.

Des eaux-de-vie, leurs centres de production. — L'addition d'eau à l'eau-de-vie est-elle une falsification ? — Jurisprudence sur le travail des eaux-de-vie. — Des fraudes sur les vinaigres.

L'eau-de-vie est un produit de la distillation du vin.

Les deux grands centres de production de l'eau-de-vie sont les Charentes et le Gers (Armagnac).

L'atlas départemental Abel Pilon donne sur les eaux-de-vie (V. Gers) les renseignements suivants : « Une partie des vins du Gers est transformée en eau-de-vie, connue sous le nom d'Armagnac, qui rivalise avec celle de la Charente. L'eau-de-vie d'Armagnac, que l'usage a placée au second rang des eaux-de-vie fines et qui cependant pourrait avoir des droits au premier, se fabrique dans l'arrondissement de Condom ; la plus recherchée se distille dans les cantons de Montréal, Eauze, Cazaubon, Manciet et Nogaro. L'espèce de défaveur qui frappe les eaux-de-vie d'Armagnac dans le commerce tient à ce que, pendant longtemps les eaux-de-vie de tout degré ont payé les mêmes droits ; il est résulté de cette injuste taxation que le cognac, pesant 22 degrés a dû être préféré à l'armagnac, qui n'en pèse que 19 et demi. Aujourd'hui que l'on procède avec plus d'équité au prélèvement de l'impôt et que l'eau-de-vie de toutes provenances n'est taxée qu'en raison de la quantité d'alcool qu'elle contient, les propriétaires de l'Armagnac peuvent toujours espérer tirer un meilleur parti de leurs excellents produits. Un fait trop peu connu est de nature à justifier ces justes prétentions : il est certain que leurs liquides sont les seuls qui se livrent dans l'état naturel aux consommateurs. Le cognac, excellent aussi et dont personne ne peut nier le haut mérite, est évidemment trop fort à 22 degrés ; il faut l'amortir, mais, quoi qu'on fasse, quelque soin qu'on prenne, quelque talent qu'on apporte à l'arranger, une différence notable pour les connaisseurs sera toujours à l'avantage des eaux-de-vie qui sortent de l'appareil au degré convenable pour la boisson. » Nous reproduisons ce passage, bien entendu sans vouloir nous en approprier les conclusions.

Au point de vue juridique, une question très intéressante se pose : l'addition d'eau à l'eau-de-vie constitue-t-elle une sophistication punissable? La Cour de cassation, dans un arrêt du 12 juillet 1855 (Charère, D.P.55.1.363), a décidé l'affirmative.

Malgré l'autorité des arrêts de la Cour suprême, il nous semble excessif de considérer comme une falsification toute addition d'eau à l'eau-de-vie.

La question est toute de fait. Sans doute, la falsification est certaine, quand l'addition d'eau est notable, mais quand l'addition d'eau est faible, qu'elle ne paraît avoir eu lieu que pour amortir la force exceptionnelle de la boisson, peut-on dire qu'il y a falsification? On le conçoit : dans des questions de ce genre, il est bon de s'adresser aux experts. Il importe de citer ici un passage d'un arrêt de la Cour de cassation du 22 novembre 1860, rapporté dans Blanche, tome 6, n° 426 : « En ce qui touche le deuxième et le troisième moyen, fondés sur les dispositions de ces lois, qui concernent la falsification des denrées ou des liquides : attendu qu'il est, à cet égard, constaté par l'arrêt, que les prévenus ont affaibli, par l'addition d'une certaine quantité d'eau, l'alcool qu'ils livraient à la consommation, non pour falsifier cet alcool, mais uniquement pour satisfaire aux exigences des consommateurs, par la transformation de cet alcool en eau-de-vie plus ou moins forte, afin de la ramener à un état qui permît de la livrer, soit au litre, soit au verre, à un prix très modique, en rapport avec les habitudes de leur clientèle... » (Rejette le pourvoi du Ministère public contre l'arrêt de la Cour de Rouen qui avait acquitté les prévenus.)

Remarquons, toutefois, que ce qui a influé sur l'arrêt de cassation du 22 novembre 1860, c'est l'idée qu'il n'y avait pas falsification punissable, parce que les eaux-de-vie *étaient agréées par le consommateur*.

Il est permis de fabriquer des produits d'imitation, notamment une imitation de cognac (Dalloz, *Rép.*, Vᵒ Vente de substances falsifiées, nᵒ 64).

Il y a seulement obligation pour le fabricant de ne pas céler aux acheteurs la nature de ses produits. La Cour de Poitiers (13 décembre 1856) déclara coupable de tromperie un sieur Valentin, qui vendait sous le nom d'eau-de-vie d'Aigrefeuille, de Cognac ou de Cognac-fine-champagne, de l'eau-de-vie fabriquée, en réalité, soit avec un tiers d'eau-de-vie venant de la Rochelle et de deux tiers de trois-six dédoublé d'eau, soit une moitié d'eau-de-vie venant de la Rochelle ou de Jarnac ou moitié d'eau-de-vie déjà opérée et une moitié de trois-six étendu d'eau. L'arrêt de la Cour de Poitiers fut confirmé par arrêt de cassation du 21 mars 1857. (D.ᴘ.58.1.475).

L'action de distiller des eaux-de-vie mélangées avec de l'eau et des trois-six du Nord faite avec intention de revendre le produit de cette distillation comme eau-de-vie du pays, constitue le délit de falsification; l'intermédiaire connu sous le nom de carroteur qui achète chez les négociants en gros les trois-six du Nord, pour les revendre secrètement aux distillateurs qui les emploient à leur falsification, est coupable de complicité de ce délit (Poitiers, 18 juin 1864, *Gaz. des trib.* du 29 juin).

Au sujet des vinaigres, nous rappellerons une circulaire du ministre des travaux publics du 10 octobre 1855, dont voici l'analyse : les fabricants ou marchands, qui vendent pour du vinaigre naturel de vin des vinaigres fabriqués avec des substances autres que le vin, ou livrent des vinaigres de vin affaibli pour du vinaigre pur, commettent une fraude dans la vente des marchandises, et doivent être poursuivis. Mais si l'acheteur consent à ce que le vinaigre de vin soit remplacé par d'autres substances, telles que l'acide acétique, plus ou moins étendu, et l'acide pyroligneux, il n'y a aucun délit, du moment que les compositions sont loyalement avouées par le commerce et ne sont pas nuisibles à la santé. L'intention de l'acheteur doit être recherchée d'après le bon sens et l'usage commercial.

CHAPITRE VI.

Expertises.— Complicité. — Compétence pour les poursuites. — Conséquences des condamnations générales.

Experts, conseils pour leur désignation et leurs opérations. — Règles générales de la complicité applicables en notre matière. — Quel est le tribunal compétent pour connaître des poursuites correctionnelles. — De la confiscation des boissons.

L'examen des vins soupçonnés de falsification étant très délicat doit être confié à des experts. Pour connaître le degré de l'eau-de-vie, il existe un instrument bien connu, l'alcoomètre. L'alcoomètre ne peut servir pour les vins, attendu que les vins contiennent des corps solides dissous dans leur masse : pour connaître le degré des vins, on a recours aux ébullioscopes ou ébulliomètres. Mais ces différents appareils ne donnent jamais aux expérimentateurs des résultats aussi certains que l'analyse chimique.

Nous conseillons au magistrat qui choisit un expert

dans une affaire de falsification de vins de remettre à l'expert, en outre des échantillons saisis à analyser, un échantillon d'un cru analogue et de la même année que le vin soupçonné de sophistication ; ce dernier échantillon, très utile comme point de comparaison, est procuré par l'intermédiaire des autorités locales.

L'expert doit examiner les tonneaux dans lesquels ont été pris les vins soupçonnés de sophistication, si les tonneaux ont déjà servi, peut-être même après lavage ont-ils influé sur les vins qui y étaient placés ; cet examen est, toutefois, d'ordre secondaire. Consulter sur les expertise, au point de vue technique : Briand et Chaudé, *Médecine légale*, 9ᵉ édition, p. 778 ; *Rapport du Comité d'hygiène publique de France*, p. 21 et suivantes.

L'article 60 du Code pénal, relatif à la complicité, doit être appliqué dans toute son étendue à notre matière (Voir *suprà*, chap. ɪv, documents sur la complicité en matière de vins fuschinés).

Le tribunal correctionnel compétent pour connaître d'une poursuite pour vente ou mise en vente de vins falsifiés est, par excellence, le Tribunal du lieu où la vente *est devenue parfaite*. Pour connaître le lieu où la vente est devenue parfaite, il faut consulter les conventions des parties et les usages du commerce. Ainsi, si un négociant de Nîmes vend des vins falsifiés à un négociant de Baume-les-Dames, le tribunal de Baume peut être saisi d'une poursuite pour falsification, s'il est établique la vente ne devait être parfaite qu'après dégustation du vin à Baume (en ce sens : Cass., 26 fév. 1875, *B. cr.*, n° 71; Cass., 8 mai 1879; *B. cr.*, n° 98). Le tribunal de Nîmes serait, du reste, également compétent au point de vue correctionnel, comme étant celui du domicile du prévenu (art. 63 du Code inst. crim.).

L'article 5 de la loi du 27 mars 1851 règle la confiscation des liquides saisis, leur attribution à des établissements de bienfaisance s'ils sont propres à quelque usage, ou leur destruction. La confiscation ne peut être prononcée que lorsqu'il y a condamnation (Cass., 28 septembre 1850, *Bull. crim.*, n° 339); — à moins que les substances sophistiquées n'aient été reconnues nuisibles (Cass., 3 janv. 1857, *Bull. crim.*, n° 5); dans ce dernier cas, la confiscation est basée sur l'article 5 de la loi de 1851; elle est ordonnée, non comme une peine, puisque le prévenu est déclaré non coupable, mais comme une mesure de précaution, que la loi a voulu prescrire, dans l'intérêt de la santé publique, et qui a pour objet d'enlever de la circulation les objets qui pourraient lui nuire.

Aux termes d'une circulaire ministérielle du 24 avril 1882, dans le cas où la confiscation des vins fuschinés est prononcée, le ministère public doit requérir des tribunaux, conformément à la loi de 1851, l'attribution aux établissements de bienfaisance des vins fuschinés, sous la condition qu'ils seront transformés en alcool. Le ministère public doit également notifier aux préfets ces jugements, quand ils seront définitifs, en joignant à cette notification un état indiquant les quantités saisies et les personnes chez lesquelles ces quantités se trouvent.

CHAPITRE VII.

De l'application de l'art. 1857 du Code civil aux ventes de boissons.

Difficultés civiles à la suite d'une vente de boissons, règle posée par l'art. 1587. — Ses fréquentes exceptions dans la pratique. — Jurisprudence.

Aux termes de l'article 1587 du Code civil, les ventes de vin ne sont censées conclues qu'après que la chose vendue a été *goûtée et agréée* par l'acheteur. L'existence d'une pareille vente est donc, en général, subordonnée au pur arbitre de ce dernier, qui ne peut être forcé d'accepter un liquide dont ne s'accommoderait point son goût personnel.

La règle de l'article 1587 reçoit très fréquemment exception dans la pratique. Elle est inapplicable, en effet, quand il résulte des termes du contrat, de la nature du marché où des circonstances, *que l'acheteur a renoncé à la dégustation.* C'est ce qui a ordinairement lieu quand il s'agit de denrées destinées, non à la consommation personnelle de l'acheteur, mais au commerce. C'est ce qu'explique bien le jugement suivant du tribunal de la Seine : « Attendu que l'achat de vins que fait par correspondance un commerçant à un vendeur d'une autre localité que la sienne constitue une vente parfaite, dès que l'expédition a individualisé les marchandises vendues ;

« Qu'en effet, le vendeur ne s'exposerait pas à des frais considérables, s'il dépendait du caprice de l'acheteur de les lui laisser pour compte, en déclarant que les marchandises ne sont pas à sa convenance ;

« Attendu que Gerbaud soutient vainement, en s'appuyant sur l'article 1587 du Code civil, qu'il est resté propriétaire après la livraison, et que la vente ne devait être réalisée qu'après la réception des marchandises par l'acheteur ;

« Attendu que l'article 1587 n'est lui-même qu'une règle d'interprétation de la volonté des parties ;

« Que par suite il n'y a pas lieu de l'appliquer quand la nature et les circonstances du contrat y répugnent ;

« Attendu à la vérité que l'acheteur avait d'après les conditions mêmes de la vente, la faculté de renvoyer la marchandise si, par suite de la dégustation, elle n'eût pas été trouvée convenable ;

« Mais attendu que cette faculté n'a pas empêché la vente d'être parfaite par l'accord des volontés sur la chose et sur le prix ;

« Que la propriété des vins a donc été transférée à l'acheteur, *dès l'expédition;*

« Qu'il n'en eût été autrement que s'il était établi, ce qui n'est pas, que les marchandises n'étaient ni loyales ni marchandes. » (Lacroix c. Gerbaud. Trib. Seine, 9 juin 1883, *Gaz. Trib..*, 2 sept. 1883 — En ce sens : Ruben de Couder, *Dict. Droit comm.*, Vᵒ Vente, nᵒ 154 et suiv. Aubry et Rau, IV, 349 — Troplong, *Vente*, I, 100 — Angers, 21 janvier 1835, S.35.II.228 — Cass., 29 mars 1836, S.36 I.566 — Voy. cependant : Limoges, 8 et 15 mars 1838, S.38. II.474, et Cass., 5 décembre 1842, S.43.I.89).

De même, lorsqu'un habitant de Paris fait à un marchand de vin du Midi la commande d'une certaine quantité de vin de telle qualité, le marché peut, par interprétation de la volonté des parties, être considéré comme parfait, de telle sorte que l'acheteur sera obligé de recevoir le vin, pourvu qu'il soit de la qualité convenue : en cas de contestation sur la qualité, il y a lieu à une vérification par experts. (Aubry et Rau, loc. cit. — Bonne, *Revue pratique*, 1868, XXVI, p. 160).

APPENDICE I

Loi du 27 mars 1851.

Art. 423 du Code pénal. — Quiconque aura trompé l'acheteur sur le titre des matières d'or ou d'argent, sur la qualité d'une pierre fausse vendue pour fine, sur la nature de toutes marchandises; quiconque, par usage de faux poids ou de fausses mesures, aura trompé sur la quantité des choses vendues, sera puni de l'emprisonnement pendant 3 mois au moins, un an au plus, et d'une amende qui ne pourra excéder le quart des restitutions et dommages-intérêts, ni être au-dessous de 50 francs.

Les objets du délit, ou leur valeur, s'ils appartiennent encore au vendeur, seront confisqués, les faux poids et les fausses mesures seront aussi confisqués, et de plus seront brisés.

Le tribunal pourra ordonner l'affiche du jugement dans les lieux qu'il désignera, et son insertion intégrale ou par extraits dans tous les journaux qu'il désignera, le tout aux frais du condamné.

Loi du 27 mars 1851.

Art. 1. — Seront punis des peines portées par l'article 423 du Code pénal: 1º Ceux qui falsifieront les substances ou denrées alimentaires ou médicamenteuses destinées à être vendues; — 2º Ceux qui vendront ou mettront en vente des substances ou denrées alimentaires ou médicamenteuses qu'ils sauront être falsifiées ou corrompues; — 3º Ceux qui auront trompé ou tenté de tromper, sur la quantité des choses livrées, les personnes auxquelles ils vendent ou achètent, soit par l'usage de faux poids ou de fausses mesures, ou d'instruments inexacts servant au pesage ou mesurage; soit par des manœuvres ou procédés tendant à fausser l'opération du pesage ou mesurage, ou à augmenter frauduleusement le poids ou le volume de la marchandise, même avant cette opération; soit, enfin, par des indications frauduleuses tendant à faire croire à un pesage ou à un mesurage antérieur et exact.

2. — Si, dans les cas prévus par l'article 423 du Code pénal ou par l'article 1er de la présente loi, il s'agit d'une marchandise contenant des mixtions nuisible à la santé, l'amende sera de cinquante à cinq cents francs, à moins que le quart des restitutions et dommages-intérêts n'excède cette somme; l'emprisonnement sera de trois mois à deux ans. Le présent article sera applicable même au cas où la falsification nuisible serait connue de l'acheteur ou consommateur.

3. — Sont punis d'une amende de seize francs à vingt-cinq francs, et d'un emprisonnement de six à dix jours, ou de l'une de ces deux peines seulement, ceux qui, sans motifs légitimes, auront dans leurs magasins, boutiques, ateliers ou maisons de commerce, ou dans les halles, foires ou marchés, soit des poids ou mesures faux, ou autres appareils inexacts servant au pesage ou au mesurage, soit des substances alimentaires ou médicamenteuses qu'ils sauront être falsifiées et corrompues. Si la substance falsifiée est nuisible à la santé, l'amende pourra être portée à 50 francs et l'emprisonnement à 15 jours.

4. — Lorsque le prévenu, convaincu de contravention à la présente loi ou à l'article 423 du Code pénal, aura dans les cinq années qui ont précédé le délit, été condamné pour infraction à la présente loi ou à l'article 423, la peine pourra être élevée jusqu'au double du maximum; l'amende prononcée par l'art. 423 et par les art. 1 et 2 de la présente loi pourra même être portée jusqu'à mille francs, si la moitié des restitutions et dommages-intérêts n'excède pas cette somme; le tout sans préjudice de l'application, s'il y a lieu, des articles 57 et 58 du Code pénal.

5. — Les objets dont la vente, usage ou possession constitue le délit seront confisqués, conformément à l'article 423 et aux articles 477 et 481 du Code pénal — S'ils sont propres à un usage alimentaire ou médical, le tribunal pourra les mettre à la disposition de l'administration pour être attribués aux établissements de bienfaisance. S'ils sont impropres à cet usage ou nuisibles, les objets seront détruits ou répandus, aux frais du condamné. Le tribunal pourra ordonner que la destruction ou effusion aura lieu devant l'établissement ou le domicile du condamné.

6. — Le tribunal pourra ordonner l'affiche du jugement dans les lieux qu'il désignera; et son insertion intégrale ou

par extraits dans tous les journaux qu'il désignera, le tout aux frais du condamné.

7. — L'article 463 du Code pénal sera applicable aux délits prévus par la présente loi.

8. — Les deux tiers du produit des amendes sont attribués aux communes dans lesquelles les délits auront été constatés.

9. — Sont abrogés les articles 475, n° 14, et 479, n° 5, du Code pénal.

Loi du 5 mai 1855.

Art. 1er. — Les dispositions de la loi du 27 mars 1851 sont applicables aux boissons.

Art. 2. — L'article 318 et le n° 6 de l'article 475 du Code pénal sont et demeurent abrogés.

APPENDICE II

Vœux de la société des agriculteurs de France.

(Vœux émis à la réunion générale de février 1885).

M. Densy expose la situation de la production vinicole, en présence de la concurrence étrangère et entre autres de la concurrence des vins d'Espagne qui arrivent, sans payer de surtaxes, vinés à 15° 9. Le vinage, à prix réduit, a été jusqu'à présent repoussé par les Chambres françaises ; il y a là une inégalité flagrante qui devrait disparaître au plus tôt.

Aussi la 3e et la 7e section proposent-elles de renouveler le vœu suivant : que le droit à percevoir sur l'alcool employé au vinage soit abaissé à 25 francs, conformément au projet de loi de M. le Ministre des finances, présenté au mois d'octobre dernier.

M. de la Valette fait voter, en même temps que la proposition précédente, un article additionnel ainsi conçu : que le gouvernement prenne des mesures pour que le sucrage puisse être appliqué au droit réduit au moment des vendanges prochaines.

APPENDICE III

Pétition adressée aux Chambres en 1885 par les vignerons de l'Yonne.

Dans cette circulaire, les vignerons demandent la stricte application d'une circulaire de la Régie du 4 septembre 1879, prescrivant pour chaque marchand en gros fabricant :

1° La tenue d'un compte de produits achetés distinct et indépendant de celui des vins provenant de vendanges, et entraînant pour le fabricant l'interdiction d'effectuer tout mélange de vins de raisins secs, de vins factices, avec des vins de vendanges sans avoir fait au préalable la déclaration.

Les vins de fabrication, de même que les mélanges de ces produits avec les vins naturels, seront ainsi classés à part et suivis sous un titre différent de celui des vins naturels ;

2° Conformément aux prescriptions de l'article 10 de la loi du 10 août 1816, toute personne fabricant des vins de raisins secs, des piquettes ou autres similaires du vin, ou tout marchand en gros ayant à ses charges des boissons de cette nature devra, lors des enlèvements, déclarer si les boissons qu'il expédie sont des vins de raisins secs, des piquettes, etc., ou des mélanges de ces produits avec les vins ordinaires ;

3° De leur côté, les buralistes auront toujours soin d'indiquer sur les titres en mouvement s'il s'agit de boissons de l'espèce, en désignant exactement dans ce cas leur nature. Les comptes spéciaux des similaires de vins ne seront déchargés que si les déclarations et les expéditions contiennent à cet égard une mention spéciale et précise. Les buralistes en préviendront les expéditeurs et les avertiront, en outre, que toute inexactitude dans leurs déclarations exposerait le conducteur à un procès-verbal et à la saisie de la boisson, sans préjudice des poursuites que l'autorité judiciaire pourra exercer.

La pétition demande encore, et ceci est très ingénieux, que tous les titres, acquits ou congés concernant des vins de fabrication ou de mélange de ces derniers avec les vins naturels, soient, pour mieux accuser leurs caractères distinctifs, d'un papier de couleur, alors que les titres concernant les vins de vendanges continueraient seuls à bénéficier de la couleur blanche.

APPENDICE IV

Spécimen d'un rapport d'analyse du laboratoire municipal.

PRÉFECTURE DE POLICE.

SECRÉTARIAT GÉNÉRAL.

LABORATOIRE DE CHIMIE.

RÉPUBLIQUE FRANÇAISE.

LIBERTÉ. — ÉGALITÉ. — FRATERNITÉ.

A Monsieur le Préfet de police.

Monsieur le Préfet,

Nous avons l'honneur de vous adresser les résultats de l'examen chimique d'un échantillon de vin prélevé le 20 février 1885, aux entrepôts de l'Est, Magasins·Généraux de Paris, sur une expédition de M.

Par MM.

Sous le nº   .

Après avoir constaté l'intégrité du scellé, on a procédé à l'analyse, qui a donné les résultats suivants :

Alcool p. 100.................. en volume.
Extrait à 100.................. en grammes par litre.
Extrait dans le vide............ *id.*
Sucre réducteur............... *id.*
Sulfate de potasse............. *id.*
Tartre........................ *id.*
Cendre....................... *id.*
Aciditée (calculée en acide sulfu-
    rique)...................... *id.*
Déviation au polarimètre........

Dégustation. — Manque complètement de fruit, saveur

étrangère au vin de vendage, acidité qui persiste au palais et que l'on ne rencontre dans aucun vin ; en un mot, il est très mauvais. Ce liquide ne peut ni ne doit être livré à la consommation. (Ce n'est pas du bourgogne.)

Comparant les résultats de cette analyse aux nombres du tableau suivant :

	Alcool p. 100 en volume.	Extrait en grammes par litre.
Composition moyenne des vins de coupage livrés à Paris par le commerce de gros............	12.0	24.0
Composition minima du vin ci-dessus mouillé plus de 15 p. 100......................	10.0	20.0

CALCUL DE MOUILLAGE.

D'après l'alcool :

$$\frac{12}{7.20} = \frac{100}{x} \quad \text{d'où } x = 60.00.$$

Mouillage d'après l'alcool :
100-60.00 = 40.00.

D'après l'extrait :

$$\frac{24}{24.32} = \frac{100}{y} \quad \text{d'où } y = \text{»}$$

Mouillage d'après l'extrait :
100 — » = »

Nous concluons que le vin analysé par nous est mouillé à 40.00 p. 100 d'après l'alcool, est mouillé à » p. 100 d'après l'extrait.

Ce vin contient un excès de sucre ; en retranchant de l'extrait ce qui dépasse 1 gramme (0.59), et calculant le mouillage dans ces conditions, on trouve : 1 p. 100.

La différence du mouillage, calculé d'après l'alcool et d'après l'extrait, indique que ce vin a dû être remonté par de la piquette de raisins secs ou des vins étrangers. Ce vin n'a pu être mis en vente de bonne foi.

Veuillez agréer, Monsieur le Préfet de police,

Le chef du laboratoire,

TABLE DES MATIÈRES

CHAPITRE Ier.

GÉNÉRALITÉS.

CHAPITRE II.

OPÉRATIONS LICITES PRATIQUÉES SUR LES VINS.

CHAPITRE III.

OPÉRATIONS CONSIDÉRÉES GÉNÉRALEMENT COMME LICITES, MAIS D'UN CARACTÈRE DOUTEUX.

CHAPITRE IV.

OPÉRATIONS ILLICITES.

CHAPITRE V.

DES FRAUDES SUR LES EAUX-DE-VIE ET VINAIGRES.

CHAPITRE VI.

EXPERTISES. — COMPLICITÉ. — COMPÉTENCE POUR LES POURSUITES. CONSÉQUENCES DES CONDAMNATIONS PÉNALES.

CHAPITRE VII.

DE L'APPLICATION DE L'ARTICLE 1587 DU CODE CIVIL AUX VENTES DE BOISSONS.

APPENDICE I.

APPENDICE II.

APPENDICE III.

APPENDICE IV.

Paris. — Imprimerie L. Baudoin et Cᵉ, rue Christine, 2.

PARIS. — IMPRIMERIE L. BAUDOIN ET C⁰, RUE CHRISTINE, 2.